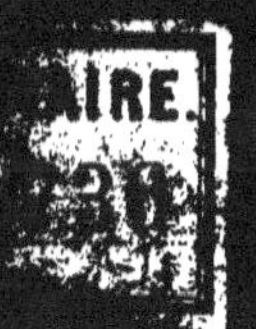

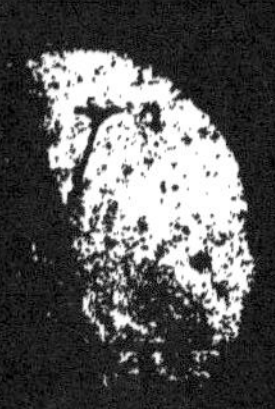

ARTS LIBÉRAUX

PRODUITS LITHOGRAPHIQUES

CHROMO, TRAVAUX DIVERS, ET MÉCANIQUES

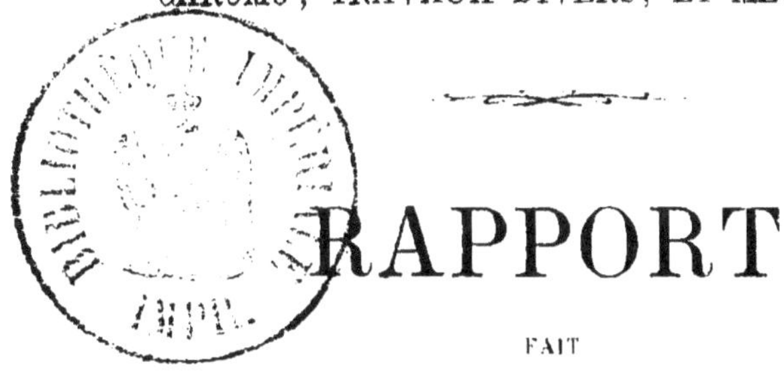

RAPPORT

FAIT

A MM. LES LITHOGRAPHES DE MONTPELLIER

ET ADRESSÉ

A LA COMMISSION D'ENCOURAGEMENT DE PARIS

PAR

L. GRÉGOIRE fils

LITHOGRAPHE

DÉLÉGUÉ PAR LE COMITÉ DÉPARTEMENTAL DE L'HÉRAULT

MONTPELLIER

IMPRIMERIE GRÉGOIRE, RUE EMBOUQUE-D'OR, 3

1867

ARTS LIBÉRAUX

PRODUITS LITHOGRAPHIQUES

CHROMO, TRAVAUX DIVERS, ET MÉCANIQUES

RAPPORT

FAIT

A MM. LES LITHOGRAPHES DE MONTPELLIER

ET ADRESSÉ

A LA COMMISSION D'ENCOURAGEMENT DE PARIS

MESSIEURS,

Dès mon retour à Montpellier et en ma qualité de lithographe délégué, j'ai l'honneur de vous faire un Rapport circonstancié de la récolte d'observations que j'ai pu y faire et aussi du fruit que j'y ai cueilli. Ce n'est qu'un faible butin, sans doute, que j'ai glané dans ce vaste labyrinthe de l'art et de l'industrie ensemencés partout du génie de l'homme et si prodigieux de fertilité; mais ces quelques brins, quoique ramassés malheureusement chemin faisant, pourront peut-être vous donner un aperçu des merveilles qui s'opèrent dans cette enceinte miraculeuse du Palais de l'Industrie, et qui comptera pour la France, sous le règne de NAPOLÉON III, une ère qui immortalisera une œuvre d'où sera sortie une source intarissable de lumière et de civilisation.

Étrange est l'impression quand on arrive devant cet horizon de coupoles, de minarets, de constructions aux formes bizarres : on se sent transporté vraiment dans un monde nouveau.

L'Orient tout entier est devant vous, et, sans s'occuper des inventions pratiques du génie, vous vous trouvez dans le domaine de la vie contemplative.

Mon point de départ est le grand vestibule. On voit à l'entrée de la Galerie XII (sanctuaire des arts libéraux), trois magnifiques cadres sur lesquels est disposée symétriquement une collection d'épreuves chromo-lithographiques des mieux soignées : ce sont les Bognard, Nissou et Appel. Je n'entreprendrai pas ici de citer tous les noms dont la lithographie s'honore; ce qu'il importe de constater, c'est qu'aucune nation ne peut les surpasser.

La lithographie, on l'a dit depuis long-temps, est un art français par excellence ; on peut se convaincre de la vérité de cette qualification, en jetant un coup d'œil sur les produits de ces grands maîtres modernes, tels que Le Mercier, Leroux, Delacroix et autres.

A quelques pas plus loin, j'aperçois une merveille semblable, chromo et travaux divers, de Danel, Gasté, Engelman et Minster, etc., etc.

Je passe maintenant à la 6e Classe du Palais, à partir du grand vestibule, et là je trouve les machines à imprimer. Les procédés des impressions sont représentés par une foule de systèmes ; mais, sous le point de vue de perfectionnement, quant à la presse lithographique, rien de nouveau ni de surprenant : tout est à peu près comme il y a deux ans environ, époque où elle a commencé de paraître. A mon avis, en fait de système, j'opterai pour celui de la machine Huguet qui fonctionne, pour la maison Appel, à l'Exposition même, et qui donne de très-bons résultats.

En somme, après une longue excursion et toujours accélérée, et après un moment de repos, je voyais cependant avec plaisir que l'industrie lithographique, dans notre ville, n'était pas au dernier rang sous tous les rapports : activité et exécution.

Ici je me trouve en face de la machine à timbrer les billets des chemins de fer, actions, etc., etc., entre les mains de MM. Lecoq et Trouillet. J'avoue que cette fabrication a acquis une précision remarquable : cette machine a attiré sur elle l'attention du public ; vient ensuite la machine à graver de M. Gaiffe, par le moyen de l'électricité. Il est vraiment admirable de voir quel agent docile et précieux nous a fourni ce fluide qui, avec cet appareil, reproduit exactement le modèle sur quatre plaques à la fois ; il est curieux de suivre la marche des cinq poinçons allant d'un mouvement régulier, avec l'accompagnement monotone du timbre électrique.

Dans la Classe 60, j'ai remarqué de curieux échantillons de ce qu'a pu faire le génie inventif pour substituer le travail de la machine au travail plus irrégulier de l'ouvrier, dans l'exécution de divers travaux, et celle à graver sur pierre. Un poinçon, mis en mouvement par la machine même, se promène sur la pierre en faisant le délié et le contour de la lettre ;

inutile de le guider; il sait sa marche tout seul : c'est un très-bon auxiliaire pour l'ouvrier; mais il ne le dispense pas tout-à-fait, puisqu'il ne fait pas le creux de la lettre; c'est donc à perfectionner. Comment la chose se fait-elle ? c'est le secret de l'inventeur.

M. Godchaux expose, non loin de là, une machine à régler le papier et à imprimer les cahiers des élèves. Ici, c'est le sens contraire de nos presses lithographiques : les planches, par exemple, au lieu d'être gravées sur face plate, sont gravées sur le cylindre même en cuivre, et, moyennant ce, on obtient de très-bonnes épreuves. J'approuve le but de M. Godchaux, puisqu'il y a diminution de frais ; si minimes qu'ils soient pour l'instruction primaire, c'est rendre conséquemment un grand service à un pays comme le nôtre, ou l'instruction est propagée à un si haut degré.

La presse lithographique sans encre, pour la spécialité de la carte de visite, est l'une des plus grandes curiosités de l'Exposition. A l'aide de cet instrument, à peine a-t-on prononcé son nom, que la composition et l'impression sont faites, et, en moins d'une minute, la machine a rejeté 100 cartes ; mais le caractère, comme vous le pensez, est en lettres d'imprimerie. ce qui, à mon avis , donne une impression boueuse , c'est-à-dire écrasée , et je suis à peu près certain que ce genre d'impression ne satisferait point les exigences de la population Montpelliéraine, habituée à des travaux bien plus corrects et bien plus fins que la lithographie seule peut donner.

A côté, on y voit aussi une plaque en métal, avec laquelle on obtient des épreuves autographiques d'une netteté remarquable : un coup d'œil suffit pour s'en rendre compte.

Enfin, environné d'une foule d'industries toutes très-simples , mais toutes curieuses parce qu'elles ne sont guère connues que de ceux qui les pratiquent, à moins d'avoir des semaines entières à dépenser ou des études tout-à-fait spéciales à faire ; et ensuite, quels seraient les jarrets assez solides pour parcourir, sans se lasser, ces longues et immenses galeries dont une seule, celle des machines, par exemple, ne mesure pas moins de 12 à 1300 mètres? Cette multitude de machines qui s'agitent en tout sens, qui s'élèvent de toute part , vous annonce et vous dit que vous êtes réellement dans le temple du travail. Quel est aussi le cerveau assez fort pour résister à la simple inspection de tant d'objets divers accumulés sur un même point? Mais cependant, ces produits très-remarquables sollicitent l'œil de toute part; et puis on veut tout voir, et, dans l'enthousiasme du début, on s'arrête, et long-temps, devant les moindres choses; ensuite, pressé par l'heure, on erre au hasard, en quête des choses les plus curieuses ou les plus célèbres, et, faute d'explications, on passe vingt fois sans les deviner ou les reconnaître.

En résumé, je ne puis terminer sans parler des richesses si variées que renferme la France, et pour la plupart desquelles elle peut honorablement soutenir toute concurrence; mais il ne faut pas oublier que c'est pour la première fois qu'une histoire de travail aussi entendu et annexé à une Exposition Universelle, permet d'embrasser d'un seul coup d'œil le présent et le passé industriels des peuples.

Rendons grâces, Messieurs, à la Commission, de cette innovation intelligente que l'avenir fécondera sans nul doute, et qui n'est autre que l'œuvre de S. M. l'Emreur Napóléon III!

Enfin, Messieurs, après avoir rempli ma tâche le mieux que j'ai pu le faire, je ne saurais manquer, vis-à-vis de vous, à un devoir qui est tout naturel : celui de la reconnaissance, et pour votre choix comme délégué à l'Exposition Universelle.

Veuillez, Messieurs, me croire votre très-humble et très-respectueux serviteur,

L. GRÉGOIRE, lithographe,
Rue Embouque-d'Or, 3.

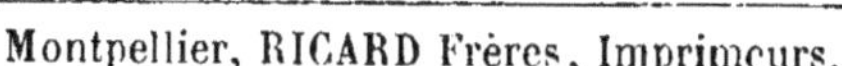

Montpellier, RICARD Frères, Imprimeurs.

147